Anmerkungen zum Thema

Keine Kindermißhandlung begangen zu haben,
heißt noch nicht tugendhaft zu sein.
Kurt Tucholsky

Das Gesetz in seiner majestätischen Gleichheit
verbietet es den Reichen wie den Armen,
auf den Straßen zu betteln, unter den Brücken
zu schlafen und Brot zu stehlen.
Anatole France

Ein anständiger Mensch wird es begrüßen,
wenn dem Opfer eines Justizfehlers sein Recht
wird, ebenso wie man sich freuen mag,
wenn die Heilsarmee einen Betrunkenen vom
Erfrierungstod rettet. Aber deshalb sind
wir noch lange nicht für die Heilsarmee.
Egon Erwin Kisch

Klassenjustiz

I

Gericht

Schwarze Roben, erhöht.
Abschätzende Blicke, Fragen.
Beklommenheit.
Raschelt Papier unter behenden Fingern,
einförmig, bohrend,
gereiztes Blättern, zitternde Antworten.
Worte von höheren Standpunkten
herab und die Plädoyers,
ein Urteil.

Wahrheitsfindung

1
Der Angeklagte ist das Objekt
er schweigt leugnet oder lügt
selten kommt es zum Zusammenbruch
ein Geständnis spricht für Naivität

2
Der Staatsanwalt
ist aggressiv beredt und moralisch
er hat ein gutes Gewissen
seine Rolle behagt ihm

3
Der Verteidiger
jongliert mit den Paragraphen
er kassiert vorher
gegen Sonderhonorar glänzt er

4
Die Zeugen
können sich nicht mehr erinnern
oder variieren das Thema
schwören: so wahr mir Gott helfe

5

Der Richter präsidiert
über der Bühne
nach dem Urteil
schließt sich der Vorhang

Klassenjustiz

Unter der schwarzen Robe
ein Angehöriger der oberen Mittelschicht
juristischer Familientradition verpflichtet
daneben ein selbständiger Kaufmann
und ein selbstzufriedener Beamter
das ist das Schöffengericht
das über einen angeklagten Hilfsarbeiter
im Namen des Volkes urteilt

Vor dem Gesetz *(I)*

Als der Textilfabrikant H.
mit besoffenem Kopf
einen totgefahren hatte
nahm er sich unter
Vereinbarung eines Sonderhonorars
den renommiertesten Rechtsanwalt
der nahegelegenen Großstadt
und wurde zu einer Geldstrafe verurteilt

Als der Maurergeselle F.
mit besoffenem Kopf
auf ein haltendes Auto auffuhr
verteidigte er sich vor Gericht
selber und wurde wegen
fahrlässiger Straßenverkehrsgefährdung
und Körperverletzung
zu Freiheitsstrafe verurteilt

Vor dem Gesetz *(II)*

Wenn die Gattin
des Herrn Oberregierungsrats
zum zehntenmal
einen Kaufhausdiebstahl begeht
heißt es sie sei
eine unzurechnungsfähige Kleptomanin

Wenn die Frau
des Hilfsarbeiters
zum zehntenmal
bei Karstadt klaut
ist sie unbelehrbar
und gehört eigentlich
in Sicherheitsverwahrung

Lebensläufe

Der Vater des Richters Z war Rechtsanwalt
der Vater von Sascha B war ein Säufer
die Mutter des Richters Z widmete sich seiner Erziehung
die Mutter von Sascha B widmete sich den Gästen einer Bar
Richter Z besuchte das Gymnasium in seiner Heimatstadt
mit 18 machte er das Abitur mit 27 war er Assessor
Sascha B besuchte die Volksschule bis zur 7. Klasse
mit 15 bekam er seine erste Jugendstrafe
mit 18 steht er wegen Einbruchdiebstahls vor dem Richter Z
der wohnt in einem schönen Haus mit Garten
und Sascha B kommt für drei Jahre in den Knast

Ruheständler

Der Zweiundsiebzigjährige im Jägeranzug
ein geachteter Bürger auf seinem täglichen Spaziergang
das hält jung
mit Vorliebe putzt er seine Orden

Bekannt durch zahlreiche Leserbriefe
ein General im Ruhestand
gern gesehen in seiner Stammtischrunde
und auf Veteranentreffen

Über eine Million Untermenschen natürlich nur
auf Befehl
das Ergebnis fünfzehnjähriger Ermittlungen
SS das war Elite
kein Grund zur Beunruhigung

Er ist verhandlungsunfähig geschrieben

Justiz

ist die
Fortsetzung
der Sozialpolitik
mit
anderen Mitteln

Asozial

Und wenn ich noch so arm wäre
sagt der Herr Amtsrichter
ich würde nicht im Traum
daran denken
meinen Fußboden zu verheizen
ich würde in den Wald gehen
und Holz sammeln
natürlich
mit Berechtigungsschein

Amtsgewalt

Als der Landgerichtspräsident
angetrunken
in eine Verkehrskontrolle geriet
fragte er den Polizisten:
Wissen Sie überhaupt
wen Sie vor sich haben?

Standpunkte

Wenn Sie behaupten
wer Geld habe
bekomme eher Recht
lügen Sie!
sagt der Oberbürgermeister
emeritierter Professor
der Rechtsgelehrsamkeit
und Hobbyjäger
Ich habe vor Gericht
noch immer
mein Recht gekriegt

Gleichheitsgrundsatz: Vor dem Gesetz sind alle gleich, am meisten gleichen sich Richter und andere Angehörige akademischer Berufe.

Terminologie: Eigentlich gibt es keine Klassenjustiz mehr; das heißt jetzt ›schichtenspezifisches Verhalten‹.

NS-Prozeß: Ob die angeklagten Honoratioren verhandlungsfähig sind, ist fraglich. Aber sie können der Teilnahme des Gerichts sicher sein.

Eigentumsgarantie: Das Eigentum wird solange geschützt, bis es nur noch ein Eigentum gibt.

Weil du arm bist, mußt du länger sitzen.

Unser Recht ist so kompliziert, weil unsere Gesetze so kompliziert sind. Unsere Gesetze sind so kompliziert, weil manche besondere Rechte haben.

Diejenigen, die mit dem Gericht am wenigsten klarzukommen verstehen, haben am meisten mit dem Gericht zu tun.

Rechtsanwalt: Ohne Vorschuß keinen Rechtsschutz.

Gesucht: Alle Staatsgewalt geht vom Volke aus. Nachdem sie ausgegangen ist, wurde sie zunächst aus den Augen verloren.

Hohes Gericht: Die Hoheit des Gerichts drückt sich in der Höhe seines Podests aus.

Der Richter richtet und der Staatsanwalt waltet

II

Richterpersönlichkeit

Überm Haupt
das Kruzifix

In den Augen
den Glanz der Gerechtigkeit

Im Kopf
den Gesetzeswortlaut

Unterm Arsch
den Amtsschimmel

Im Rücken
das Ruhegehalt

In der Hand
den Angeklagten

Der deutsche Richter

ist Akademiker
stammt aus einer Akademikerfamilie

hält sich selber für unpolitisch
liberal und gemäßigt konservativ

anständig sauber gewissenhaft
aber ständig mit Arbeit überlastet

urteilt nach dem gesunden Menschenverstand
früher nach dem gesunden Volksempfinden

hat Jura studiert
und eine Abneigung gegen Soziologie

hat etwas gegen Unordnung Disziplinlosigkeit
lange Haare Vorurteile und gegen Linke

ist an Gesetz und Recht gebunden
nur seinem Gewissen unterworfen

ist eine Stütze seines Staates
für dessen Grundordnung er ständig eintritt

Progressiv

So schlimm ist das doch
bei uns gar nicht mehr
meinte der junge Amtsrichter
sehen Sie ich nehme beispielsweise
den Eid heute schon
ohne die Beteuerung auf Gott ab

Warenhausdiebstahl

Nach der Verhandlung sagte der Richter
es sei ihm völlig unverständlich
wie sich jemand wegen einer
Flasche Schnaps
die Hände schmutzig machen könne

Aus dem Gerichtssaal

Während der mehrere Stunden
andauernden Gerichtsverhandlung
schlief der Schöffe ein
und wachte erst wieder auf
als der Angeklagte zusammenbrach

Staatsanwalt P

Wenn der Staatsanwalt P
der demnächst zum Ersten Staatsanwalt
befördert werden wird
auf dem Nachhauseweg
die Parksünder
notiert
denkt er so bei sich
daß er das eigentlich der Polizei
überlassen sollte
aber wenn es ihn überkommt
schreibt er an einem Abend
bis zu zwanzig Anzeigen
dann ist ihm wohler
ausgeglichen sitzt er vor
dem Fernseher
und erklärt seiner Familie
die Absurdität von Fernsehkrimis

Richtervater

Der Richter
benahm sich wie ein Vater:
Er behandelte
den Angeklagten wie ein Kind

Christliches Gebot

Liebe Deinen Nächsten
Auge um Auge
Zahn um Zahn

Engagiert

Von diesen Typen
lasse er sich den Rechtsstaat
nicht kaputtmachen
erklärte der Staatsanwalt
er habe das Gericht
überzeugen können
und eine Freiheitsstrafe
herausgeholt

Nachts um drei

Hier spricht die Polizei:
Machen Sie sofort die Tür auf!
Einen Haussuchungsbefehl wollen Sie sehen?
Brauchen wir nicht:
Gefahr im Verzug!
Warum?
Dumme Frage.
Weil wir das sagen!

Huckepack oder
Das Gesetz des Auftriebs

Nach der ›Huckepack-Klausel‹
vom Oktober 1945
kam mit jedem
unbelasteten Juristen
nach Kriegsende in der
britischen Besatzungszone
sozusagen ›huckepack‹
eim formell belasteter
in den Justizdienst

Um die Fortsetzung
der Rechtspflege
zu gewährleisten

Oberlandeskirchenrat L.

Vorsitzender eines Sondergerichts
auch im Kriege praktizierender Christ
Todesurteil zum Beispiel
für ein neunzehnjähriges Mädchen
das in einer Bombennacht 1944
Kleidungsstücke wegnahm
sie wurde geköpft.

Ab 1948 hoher Kirchenbeamter
als Pensionär
eines natürlichen Todes gestorben
›Sein Gedenken‹, so heißt es
werde ›uns allen ein gesegnetes bleiben‹
die Urteile so heißt es
sind rechtmäßig.

Der Angeklagte war von der Großzüngigkeit
des Staatsanwalts überwältigt.

Instanzenzug: Je besser die richterlichen Kontakte,
desto revisionssicherer das Urteil.

§ 218: Wenn die Verfassungsrichter Frauen wären,
wäre die Schwangerschaftsunterbrechung kein juristisches
Problem.

Als sich der Ausländer kurz vor seiner Abschiebung
mit Benzin übergoß und ansteckte,
sprach der Staatsanwalt im Kollegenkreis vom
›flambierten Perser‹.

Taktik: Aus Angeklagten arme Würstchen machen.

Gewalt will gefeiert werden.

Deutsches Richtergesetz: Die Befähigung zum Richteramt wird durch das Bestehen zweier Prüfungen erworben.

Volksweisheit: Auf hoher See, im Schützengraben, beim Examen und vor Gericht liegt unser Schicksal in Gottes Hand.

Der Angeklagte wurde mangels Beweisen dazu verurteilt, die Kosten des Verfahrens zu tragen (Basel 1974).

Das Verfahren

III

Guter Ton

Ihr Benehmen ist zum Kotzen
sagte der Oberamtsrichter
und schlug dem Angeklagten
das Gesetzbuch auf den Kopf

Vernehmung zur Person

Angeklagter treten Sie vor
Sie sind geboren wohnhaft verheiratet
von Beruf Ihr Vater war von Beruf
nehmen Sie die Pfoten aus der Tasche
wir sind hier nicht auf dem Jahrmarkt
monatlicher Bruttoverdienst
monatlicher Nettoverdienst
Mann wer soll denn das wissen wenn nicht Sie
Wehrdienst abgeleistet vom bis
letzter Dienstgrad
wohl immer im Bau gesessen was
vorbestraft mit Urteil des Amtsgerichts in vom
Sie haben nur zu reden wenn Sie gefragt werden
mache Sie darauf aufmerksam
daß Sie die Aussage verweigern können
würde ich Ihnen aber nicht raten
der Staatsanwalt hat das Wort

Artikel 1

Die Würde
des Gerichts
ist
unantastbar

Beweisantritt

Sie behaupten also
nicht töten zu können
fragte der Richter
den Kriegsdienstverweigerer

Können Sie das beweisen?

Panzerfahrer

Jedesmal
wenn der Herr Amtsrichter
sich einen LKW-Fahrer vorknöpft
erklärt er dem erstmal:
Sie können mir doch nichts vormachen!
Ich war im Kriege Panzerfahrer!

Schuld und Sühne

Lebenslänglich
verkündete der Vorsitzende
ich hoffe
das ist Ihnen eine Lehre
fürs Leben

Widerstand gegen die Staatsgewalt

Der Angeklagte wurde wegen
Widerstandes gegen die Staatsgewalt
verurteilt
Milderungsgründe:
Ein zweiwöchiger Krankenhausaufenthalt
wegen Gehirnerschütterung und
zweier gebrochener Rippen

Sit-in

Wie sie denn so unmenschlich
auf die Köpfe
der Sitzenden einschlagen könnten
fragt eine alte Frau
Wo denn hier Menschen seien
fragen die Polizisten

Rationalisierung

Zur Vereinfachung
des Verfahrens
soll auf die Vernehmung
des Angeklagten
verzichtet werden

Juristensprache *(I)*

Beigeschlossen
überreichen wir
die Einlassung des Angeklagten
der aufhältlich gewesen
strafrechtlich in Erscheinung getreten
und erneut
auffällig geworden ist

Juristensprache *(II)*

Vorgeführt
erschien der Angeklagte
er wurde verhandelt
teilweise wegen Geringfügigkeit
niedergeschlagen
und bekam im übrigen
mildernde Umstände

Nürnberger Landrecht

Die Haftbefehle sind vervielfältigt
die Verdachtsmomente
die Fluchtgefahr
die Verdunklungsgefahr
sind vervielfältigt
das Kommunikationszentrum wird
umstellt
141 Demonstranten
Besucher und Mitarbeiter
werden verhaftet:
›Du langhaariger Affe
Heb deinen Arsch hoch
aber ein bißchen dalli
Dir sollte man
die Ohrringe ausreißen
und die rotlackierten Fingernägel
Mit dir Terroristensau
werden wir auch noch fertig‹

Die Sonderhaftrichter unterschreiben
die vervielfältigten Haftbefehle
Neunzehnhunderteinundachtzig
in der Stadt der Rassengesetze
Reichsparteitage
und der Kriegsverbrecherprozesse

Der Angeklagte

Der Angeklagte ist
ein Vorgang,
den man in der Aktentasche
mit nach Hause nehmen,
über den man sich beim Mittagessen
unterhalten kann,
bei dessen Lektüre
man Kaffee trinkt
oder zum Fenster hinausblickt,
das ist der Einbruchdiebstahl Js 210/75,
die Körperverletzung, Sachbeschädigung,
die fahrlässige Tötung bei 1,8 Promille,
Zurechenbarkeit und
Strafaussetzung zur Bewährung.

Der Angeklagte
ist auffällig geworden,
er ist beschuldigt,
angeklagt
und überführt,
er hat getan,
was man nicht tun darf.
Der Angeklagte ist ein Mensch,
der nicht funktioniert hat wie er sollte,
dafür
wird er zum Fall erklärt.

Der wesentliche Unterschied zwischen dem Gericht
und der Lotterie sind die Kosten.

Zwar hatte der Kläger recht aber der Beklagte
die Zeugen.

Das Großunternehmen führte mit zwei Anwälten und
vier Gutachtern einen Musterprozeß gegen einen Gastarbeiter,
der sich selber vertrat.

Das rechtmäßige Urteil war recht unrechtmäßig.

In dubio pro reo: Im Zweifel für den Angeklagten –
soweit das Gericht nicht von seiner Schuld überzeugt ist.

Freie Beweiswürdigung: Der Richter würdigt die Beweise so,
wie er sie auf Grund seiner Unabhängigkeit würdigen will.

Rechtsschutz: Sein Recht begehren und ein Urteil bekommen.

Robenzwang: Als das Gericht den Saal betrat,
sah der Angeklagte schwarz.

Prozeßbeobachtung: Wer als Zuhörer an politischen
Prozessen teilnimmt, wird von der Polizei fotografiert
und registriert.

Image: Der Richter muß eine Robe tragen und auf einem
Podest sitzen, damit man ihn vom Angeklagten unterscheiden
kann.

Amtliche Empfehlung: Bei Terroristenprozessen haben die
Angeklagten und ihre Wahlverteidiger kahlgeschoren,
nackt und mit abgeschnittenen Fingernägeln zu erscheinen.

Resozialisierung

In einem Barackenlager großgeworden
stand er mit fünfzehn
zum erstenmal vor Gericht
wegen Diebstahls von Altmetall
da ging ihm vielleicht die Muffe
aber beim drittenmal wars
schon fast Gewohnheit
und im Gefängnis traf man
interessante Kumpels
die konnten einem allerlei zeigen
da verlegte er sich dann
auf Automaten und später auf Kioske
von irgendwas muß man ja leben
das brachte acht Monate Knast
und ein Jahr danach
nochmal sechs Monate wegen Autoknacken
und zehn Monate wegen Nötigung
und achtzehn Monate wegen
schwerer Körperverletzung
die sitzt er gerade ab
wenn er wieder rauskommt
will er was Anständiges anfangen
vielleicht als Zuhälter oder so

Einen fertigmachen

Zuerst stieß er ihm mit dem Knie
in die Hoden
landete einen blitzschnellen Faustschlag
ins Gesicht
schlug ihm als er taumelte
mit der Bierflasche
auf den Kopf
trat ihm als er fiel
unters Kinn
dann in Magen und Nieren
schließlich sprang er dem Liegenden
mit beiden Füßen auf die Beine
bis diese brachen
das war seine Spezialität
man nannte ihn Django

Schuldtheorie

Was kann ich denn dafür
sagt Harry genannt Rockefeller
die spinnen doch alle

Seit er mit so einem Typen
gesprochen hat
sieht er die Sache glasklar
er hat keine Schuld

Daß er einen erledigt hat
lag nur am Milieu
das kann man ihm doch nicht
vorwerfen
in Wirklichkeit nämlich
ist er das Opfer

Sascha B.

Die einzige Möglichkeit sich hervorzutun
die Sascha B.
unehelicher Sohn einer Barfrau
in seinem Leben hatte
war
stärker zu sein als andere
ihnen in die Fresse zu hauen

Er hat seine Chance genutzt

Noch heute macht er Bodybuilding
im Knast
um auf dem laufenden zu bleiben
er ist der Scheff
er hat sich durchgesetzt
eine unwahrscheinliche Karriere
er ist zufrieden
er hat erreicht was er erreichen konnte

Kriminell

1
Kriminell sind Verbrecher
Verbrecher sind Gesetzesbrecher
Gesetzesbrecher sind asozial
Asoziale sind kriminell

2
Wer ist ein Verbrecher?
Wer wird zum Gesetzesbrecher?
Wer ist asozial?
Wie werden Menschen asozial?

3
Der Kriminelle kommt ins Gefängnis
er kommt wieder heraus
dann ist er immer noch asozial
und Asoziale sind kriminell

4
Die Polizei verfolgt Kriminelle
der Richter verurteilt Kriminelle
die Gesellschaft verurteilt Kriminelle
wer hilft dem Kriminellen?

5
Der Kriminelle will keiner sein
er wurde nicht als Krimineller geboren
aber der Kriminelle wird kriminell
und Kriminelle kommen ins Gefängnis

Nachruf auf Staatsanwalt P

Neulich hat der Staatsanwalt P ganz heimlich
im Keller seines Einfamilienhauses wo es dunkel ist
eine alte Puppe seiner Tochter so peinlich
genau wie es nur ein Jurist kann aufgeschlitzt
und zergliedert und dann das Sägemehl gegessen
dabei kam ihm ein Gefühl als habe er soeben
durch sein Plädoyer einen Verbrecher aus dem Leben
ins Jenseits befördert aber dann hat er dagesessen
in seinem Keller und wußte nicht ein noch aus
sich schließlich einen Strick um den Hals geschlungen
während ihn die Familie suchte im ganzen Haus
und ist von der Kellertreppe heruntergesprungen

Er ruhe in Frieden

Lauschaktion

Wenn ein Bürger
ein Gesetz bricht
ist er ein Gesetzesbrecher
es sei denn
er ist ein Minister

Arbeitsbeschaffung

Atomstrom
schafft Arbeitsplätze
für Hunderttausende:
In den Kliniken

Rechtsfolgen

Wer Bürgerinitiativen
gegen Atomkraft angehört
wird bespitzelt
wer demonstriert
verhaftet und registriert

Wer Abwässer oder
Gase ableitet
die die Gesundheit
von Millionen beeinträchtigen
wird Millionär

Judenvergasung

Sie war so geheim
daß selbst
die Ausführenden
nichts davon wußten

Waltende Gerechtigkeit

Die Frau
die einen von der Nazi-Regierung
1944 als Terroristen und Mörder
gesuchten Widerstandskämpfer
auf der Flucht erkannt
und angezeigt hatte
wurde 1946 wegen
Verbrechens gegen die Menschlichkeit
zu 15 Jahren Zuchthaus verurteilt
Die Richter und Staatsanwälte
die den Widerstandskämpfer
aufhängen ließen
taten nur ihre Pflicht

Deutsche Juristenkarriere

Die paar Todesurteile 1945
nach Nazi-Gesetzen
(Recht bleibt Recht),
der Wiederaufbau unserer
freiheitlich-demokratischen
rechtsstaatlichen Grundordnung (FDGO)
an führender Stelle,
Verantwortungsträger im Amte
des Ministerpräsidenten,
ein Vorbild der Jugend.
Und dann diese linken
Schmutzfinken,
diese roten Ratten,
Abdankung im Munde
und beißen
ins gute Gewissen,
wegen so einer Bagatelle.

Gesinnungsprüfung

Sie schwören
auf jede Verfassung,
die sich ihnen bietet,
deshalb sind sie immer
verfassungstreu,
1930,
1940,
1950.
Auch heute noch.
Und sie machen alles,
was ihnen befohlen wird,
deshalb ecken sie
niemals an.
Im Zweifel herrscht
Befehlsnotstand.
Heute schlagen sie
einen Demonstranten
krankenhausreif
oder fragen:
›Sind Sie Mitglied
der Vietnam-Initiative?‹

(morgen liquidieren sie
Untermenschen).
Anschließend
kehren sie heim
zu Frau und Kind,
Fernseher und Bier.
Später befragt,
haben sie
selbstverständlich
von nichts gewußt,
stets
nur das Beste gewollt.

Wer zwei Autos hat, braucht keins zu stehlen.

Zuhälterei ist strafbar, es sei denn, sie wird gewerbsmäßig betrieben.

Leistungsgesellschaft: Wer keinen Schulabschluß hat, nichts erbt und nichts werden kann, hat dennoch eine Chance – er leistet sich etwas.

Ab einer gewissen Größenordnung werden Verbrechen nicht mehr verfolgt.

Körperverletzung: Wer vorsätzlich einen anderen körperlich mißhandelt, wird wegen Körperverletzung bestraft – es sei denn, er mißhandelt sein Kind.

Betrug und Wucher sind strafbar; nur nicht im Verhältnis von Arbeitgeber zu Arbeitnehmer.

Wie soll sich in unserer Gesellschaft jemals etwas ändern, wenn schon die Erwachsenen verdorben sind.

Eine Rechtspflege, die sich in der zweiten Hälfte des 20. Jahrhunderts noch auf einen Gotteslästerungsprozeß einläßt, ist von allen guten Geistern verlassen.

Gesetz und Recht: Was kriminell ist, hängt davon ab, was kriminell sein soll. Was kriminell sein soll, hängt davon ab, wer das bestimmt.

Schuldprinzip: Das Maß der Strafe bemißt sich nach der Schwere der Schuld, die sich nach den gesellschaftlichen Versäumnissen bemißt, die sich nicht bemessen lassen.

Wer ist radikal?

V

Terror und Terror

Wer denn ist hier Terrorist?

Der terrorisiert.
Und wer Gewalt ausübt,
weil er terrorisiert wird?

Eskalation

Zuerst demonstrierte er nur mal
gegen die Notstandsgesetze
und gegen den Vietnamkrieg
aber nach der ersten
Gehirnerschütterung
trat er in den SDS ein
und nach der Einstellungsverweigerung
in die DKP

Neuerdings arbeitet er gelegentlich
in der Fabrik
und trägt ständig
eine geladene Pistole bei sich

Noch sind die Konsequenzen
nicht abzusehen

Besuchserlaubnis

Wer einen Antrag stellt
ist ein Sympathisant
und Sympathisanten
erhalten keine Besuchserlaubnis
daher erhalten die Häftlinge
keinen Besuch
aber die Antragsteller
eine polizeiliche Vorladung

Vorläufiger Rechtsschutz

Die einzige Möglichkeit
des Ausländers
sich gegen die sofortige Abschiebung
zu wehren
bestand darin
sich die Pulsadern zu öffnen

Tagesschau

Wußten Sie schon
daß die DKP für verfassungswidrig erklärt
der Wehretat erhöht
die Verfassungsschutzämter ausgebaut
linke Studenten relegiert werden sollen?

Wußten Sie schon
daß die Sozialdemokraten
demnächst verboten werden sollen?

Wie Bismarck neulich im Fernsehen sagte

Berufsverbot

Der Regierungspräsident
von Braunschweig
will der kommunistischen Unterwanderung
einen Riegel vorschieben.
Sehen Sie,
an meinem Schreibtisch wurde
die Ernennungsurkunde Hitlers
zum Beamten unterschrieben,
sagt er.
So etwas dürfe sich nicht wiederholen.

Dienst und Treue

Auch der KZ-Wärter
war ein treuer Diener
seines Staates

Liebe

Heinrich Himmler
Reichsführer der SS und
Chef der gesamten Polizei
vergaste Juden
aus Liebe zum Volk
er hatte sich hinterher
nichts vorzuwerfen

Freude

Die offene Freude
über den Mordanschlag
an dem Studentenführer Dutschke
war eine freie Meinung
und grundgesetzlich geschützt

Die klammheimliche Freude
über den Mord
an dem Generalbundesanwalt Buback
war ein Delikt
und wurde strafrechtlich verfolgt

Versehentlich

Auf einer Beerdigung
ist jemand versehentlich
angeschossen worden

Bei einer Haussuchung
ist jemand versehentlich
erschossen worden

Bei einer Razzia
ist jemand versehentlich
festgenommen worden

Nach seiner Festnahme
ist jemand versehentlich
isoliert worden

Freie Meinung

Das ist unsere Meinungsfreiheit,
wir lesen sie in der Zeitung:
Böll ein Wegbereiter des Terrorismus,
Wallraff ein Untergrundkommunist,
Staeck ein faschistischer Agitator.

Seine Meinung
darf immer noch frei äußern,
wer seit jeher
seine Meinung frei äußern durfte,
wir leben jetzt
in einem sogenannten
demokratischen Rechtsstaat.

Strafbar wäre es,
Herrn Strauß einen faschistischen Agitator,
Herrn Filbinger einen Untergrundnazi,
Herrn Dregger einen Wegbereiter des Terrorismus
zu nennen.
Aber
das würde wohl niemand wagen.

Gesetzeslücken

Solange der Radikalenerlaß
noch nicht auf alle Sozialdemokraten
angewendet wird
fordern die Christdemokraten
eine Verschärfung der Bestimmungen

Terroristengesetze

Da Terroristen mit Vorliebe
in Hochhäusern wohnen
Autos mieten und
mit Flugzeugen reisen
können alle Hochhäuser durchsucht werden
sind alle Automietverträge meldepflichtig
und alle Flugreisenden verdächtig

Startbahn West (1983)

1
Der Sprecher einer Bürgerinitiative
wird zu zwei Jahren Freiheitsstrafe verurteilt
(er habe versucht
die Landesregierung zu nötigen)

2
Der Landfrieden ist gesichert
die Bürgerinitiative zerschlagen
(der Verurteilte sei rechtsblind
überheblich und unbelehrbar)

3
Die Richter am Oberlandesgericht
waschen ihre Hände in Unschuld
(Gewalt nehme in Kauf
wer friedlich demonstriert)

4
Aber wer sich keinen Rat weiß
und geschlagen wird
und verurteilt wird
wird vereinnahmt von der Staatsgewalt

5
Was aber wollen wir
und wozu werden wir
genötigt durch
die Macht der Mächtigen

Sittenverfall

Stadtdirektor B läßt
die Stadtbücherei
nach Pornographie durchsuchen
weil ihm der Bibliotheksleiter
politisch suspekt ist
Konfisziert wird zum Beispiel der Titel
›Bikini –
oder die Bombardierung der Engel‹
über Atomwaffenversuche
auf dem Bikini-Atoll
»Tut nichts zur Sache
was Pornographie ist
bestimmen wir«
so auch ›Die Scham ist vorbei‹
und ›Das wilde Denken‹
also Einsichtnahme
in die Entleiherkartei

Der Bibliotheksleiter
wird entlassen
der Stadtdirektor
von der Mehrheitsfraktion
belobigt
der Datenschutzbeauftragte
hat Kenntnis genommen

Radikalenerlaß: Erlaß zur Produktion von Radikalen.

Ungerechtigkeiten bis zu einem gewissen Grade in Kauf nehmen zu können, ist eine lobenswerte und für eine intakte Gesellschaft wichtige Eigenschaft. Leider leben in unserer Gesellschaftsordnung zu viele von der Duldsamkeit anderer.

Grundsatz: Wer demonstriert, wird registriert.

Weil die Aufrührer das Volk sind und das Volk der Staat ist, können die Aufrührer das Volk nicht gegen den Staat aufhetzen.

Zuschrift: ›Gehen Sie doch in die DDR!‹

Anhörungsverfahren: Einige Bewerber werden links liegen gelassen.

Öffentliche Ordnung: Hunden und Kindern ist das Betreten des Rasens verboten.

Bisher dürfen Mitglieder der DKP zwar noch in den Bundestag aber nicht in den öffentlichen Dienst.

Baader-Meinhof: Eine Ketten-Reaktion.

Leserbrief: ›Einfach an die Wand stellen!‹

Krise: Nach der Schleyer-Entführung fordern Christdemokraten den Einsatz der Bundeswehr.

Moderner Strafvollzug

VI

Verfahren

Was ausgefressen
eingelocht
auf die lange Bank geschoben
und hinten runtergefallen

Moderner Strafvollzug

In der Bundesrepublik
wird man
nicht mehr
gerädert

Spracherbe

Spanne mich nicht
auf die Folter
ich fühle mich
wie gerädert
gebrandmarkt
das ist mir peinlich
ich sitze
wie auf glühenden Kohlen

Zieh mich nicht auf
du willst mir nur
eins auswischen
etwas aus mir
herausquetschen
mich an der Zunge ziehen
mir eins aufbinden
du peinigst mich
bis aufs Blut

Dem werden wir
es einträνken
die Daumenschrauben anlegen
etwas Feuer unter
dem Hintern machen
eins überbraten
den werden wir
schon weich kriegen
ihm einheizen
dann wird er schon
singen

Todesschuß

Die Todesstrafe
ist abgeschafft
man kann nur noch
auf der Flucht
aus Versehen oder
auf Anordnung
eines Polizeieinsatzleiters
erschossen werden

Folter

Es gibt keine Folter
nur Zellen
in denen alle 5 Minuten
das Licht angeknipst wird

Es gibt keine Folter
nur Zwangsernährung
mit Schläuchen durch
Mund und Nase

Es gibt keine Folter
nur Isolierhaft
das heißt wochenlang
keinen Kontakt nach außen

Humaner Strafvollzug

Vergünstigungen sind zu erkaufen
der Handel mit Genußmitteln blüht

die Wärter bessern ihr Gehalt auf

die Gefangenen sind froh über die
Humanisierung des Strafvollzugs

Entlassung

Schon bei der Entlassung
stellt sich heraus
daß eine Entlassung
nicht stattfindet

Geplante Strafrechtsreform

Im Rahmen der Humanisierung
des Strafvollzugs
ist im Gespräch
die Todesstrafe wiedereinzuführen
ihre Vollstreckung
soll auf Fußballplätzen erfolgen
schon sind die Eintrittskarten
im Schwarzhandel erhältlich

Schicksalsgemeinschaft

In den Strafvollzugsanstalten
gibt es Gefangene und Wärter
letztere haben lebenslänglich
mit Pensionsanspruch

Spezialausbildung

Der jugendliche Kriminelle
nutzte den Aufenthalt im Gefängnis
zur Vervollkommnung
seiner Ausbildung

Totentanz

Hinter dem Gitter
die Luft
verlangt nach Erinnerung
schnell werden die Tage
unwiederbringlich
Jahr um Jahr
schwillt an
in verschlossenem Mund
ein paar Einsichten
sind in den Hof
gestürzt
begraben unter alten
Kalenderblättern
Reue
eine offene Wunde
die sich langsam wieder
schließt
zwischen den Steinen
vertrocknet der Samen

Humanisierung: Im Gefängnis gibt es einen Fernseher.

Sexualität: Der Gefangene hat keine zu haben.

Gute Führung: Nachdem der Häftling vier Jahre lang acht Stunden täglich Aktendeckel geleimt, Tüten geklebt und Formulare sortiert hatte, ohne einen Nervenzusammenbruch bekommen zu haben, wurde er wegen guter Führung vorzeitig entlassen.

Heimatgefühl: Draußen ist es auch nicht viel besser als drinnen. Mancher bekommt Heimweh.

Sondervollzug: Militante Utopisten werden solange isoliert, bis sie das Essen aufgeben.

Abschreckung und Wirkung: Wäre Selbstmord strafbar, würde es dann weniger Selbstmorde geben?

Sanktionen: Zuerst kommen die Handschellen, dann die Fußschellen, dann die Psychopharmaka . . .

Strafvollzugsreform: Die Bediensteten im Strafvollzug werden besser bezahlt.

Zufall: Als in Stammheim drei Häftlinge sterben, versagen die Alarm- und Sicherungsvorkehrungen.

Fortschritt: In Jahrhunderten vom Kerker zum Knast.